ESCREVA NOS QUADROS OS NÚMEROS CORRETOS DE CADA PARTE DOS ANIMAIS PRÉ-HISTÓRICOS.

CB120847

RESPOSTA: A 2; B 1; C 4; D 3.

PINTE A CENA, DEIXANDO-A BEM BONITA.

MARQUE COM UM X A IMAGEM QUE MOSTRA A PARTE FALTANTE DO DINOSSAURO.

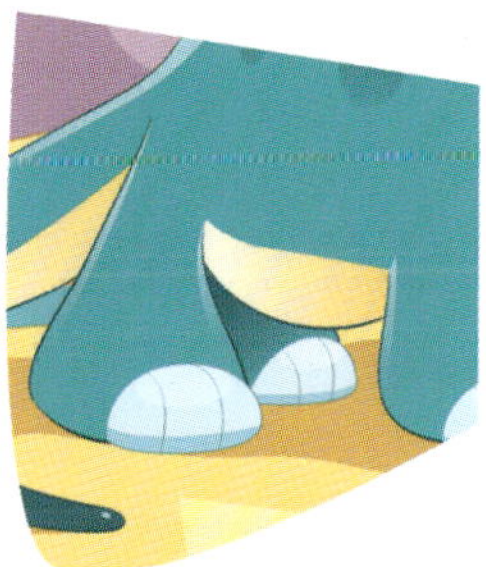

A

B

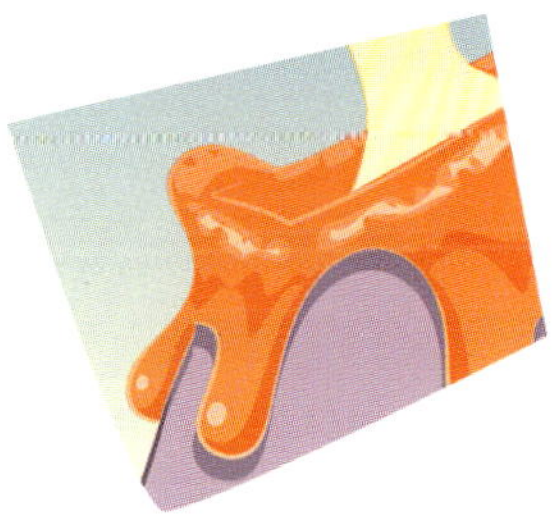

C

D

RESPOSTA: D

LIGUE CADA DINOSSAURO À METADE CORRETA.

RESPOSTA NA PÁGINA 24.

LIGUE OS PONTOS PARA COMPLETAR A FIGURA.
DEPOIS, FAÇA UMA BELA PINTURA.

CIRCULE AS CRIATURAS PRÉ-HISTÓRICAS
E MARQUE COM UM X O ANIMAL DA FAZENDA.

RESPOSTA NA PÁGINA 24.

LEVE A MAMÃE DINOSSAURO ATÉ O FILHOTE, PERCORRENDO O CAMINHO CORRETO DO LABIRINTO.

RESPOSTA NA PÁGINA 24.

CIRCULE OS DOIS DINOSSAUROS IGUAIS.

RESPOSTA NA PÁGINA 24.

SEGUINDO AS CORES, LIGUE CADA MAMÃE AO OVO CORRESPONDENTE.

RESPOSTA NA PÁGINA 24.

CIRCULE A CRIATURA DIFERENTE EM CADA FILEIRA.

RESPOSTA NA PÁGINA 24.

ENCONTRE E ASSINALE 5 DIFERENÇAS ENTRE AS CENAS.

RESPOSTA NA PÁGINA 24.

CONTE AS CRIATURAS ABAIXO E ESCREVA NOS ESPAÇOS A QUANTIDADE DE CADA ESPÉCIE.

RESPOSTA: A-1; B-3; C-3; D-3; E-4; F-4; G-3; H-3.

LIGUE CADA DINOSSAURO À SOMBRA CORRETA.

A

1

B

2

C

3

D

4

RESPOSTA: A-2; B-4; C-1; D-3.

COMPLETE A SEQUÊNCIA COM NÚMEROS PARES E AJUDE O TRICERÁTOPO A ENCONTRAR O AMIGO.

2 ___ 6 8

___ 12 ___ ___ 18

___ 22 ___

RESPOSTA: 4, 10, 14, 16, 20, 24.

LIGUE CADA DINOSSAURO À PARTE CORRETA.

A

1

B

2

C

3

D

4

RESPOSTA: A-3; B-4; C-2; D-1.

LIGUE CADA FIGURA COLORIDA À CORRESPONDENTE EM PRETO E BRANCO.

A

B

C

1

2

3

RESPOSTA: A-2; B-3; C-1.

CONTE QUANTOS ANIMAIS PRÉ-HISTÓRICOS HÁ EM CADA QUADRO E MARQUE UM X NO NÚMERO CORRETO.

A

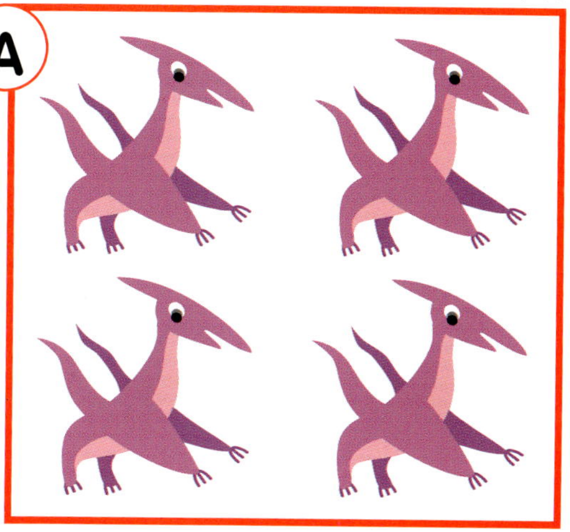

4 6 5

B

7 8 9

C

9 10 11

D

17 15 16

RESPOSTA: A-4; B-9; C-10; D-16.

LIGUE CADA MAMÃE AO FILHOTE CORRETO.

RESPOSTA NA PÁGINA 24.

FAÇA AS SUBTRAÇÕES E ASSOCIE CADA RESULTADO À LEGENDA DE CORES PARA COLORIR AS PARTES DA CENA.

LIGUE OS PONTOS PARA COMPLETAR O DINOSSAURO E DEPOIS PINTE-O.

SIGA O MODELO COLORIDO PARA COMPLETAR O DINOSSAURO DE BAIXO E DEPOIS PINTE-O.

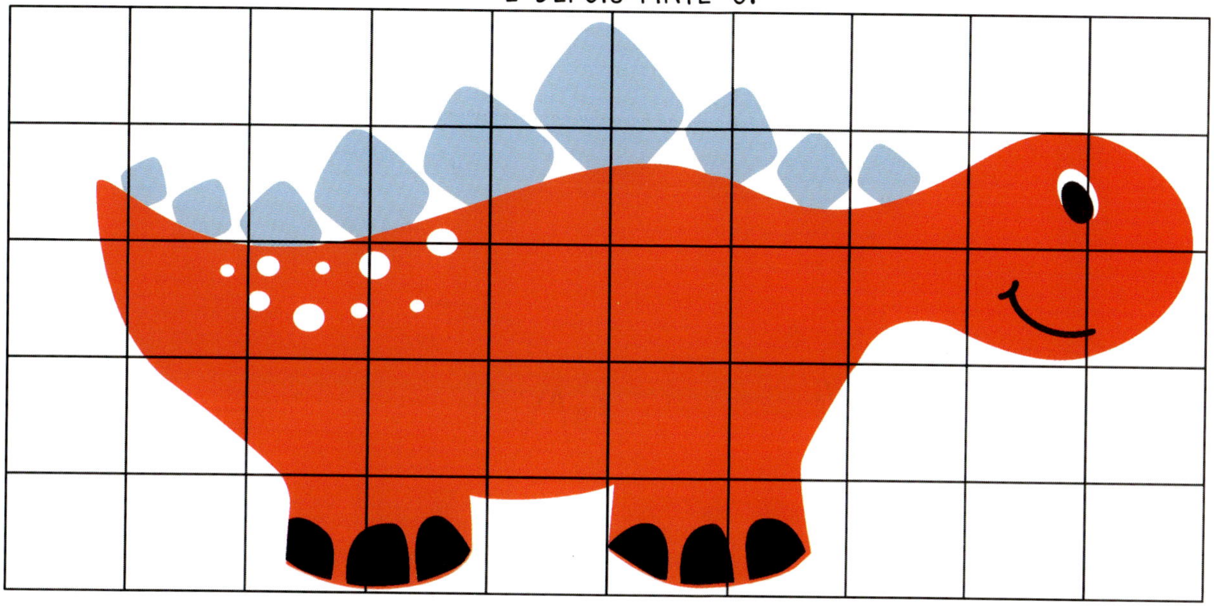

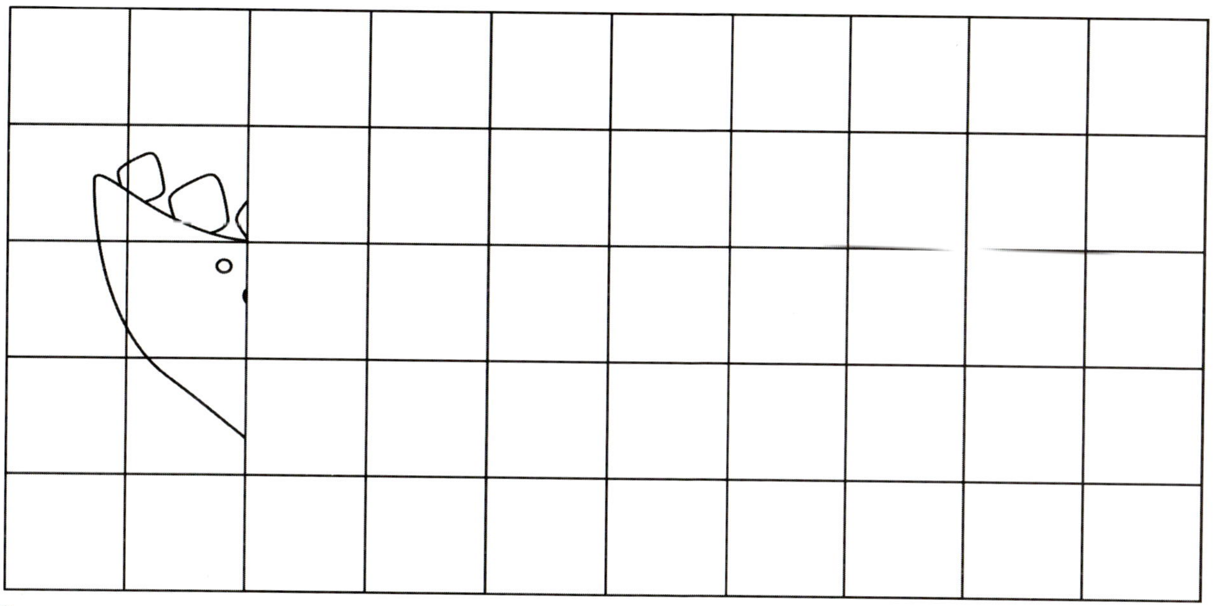

LIGUE OS PONTOS PARA COMPLETAR A CRIATURA PRÉ-HISTÓRICA.
DEPOIS, PINTE-A.

SIGA O MODELO PARA COLORIR A CENA..

RESPOSTAS

4

6

7

8

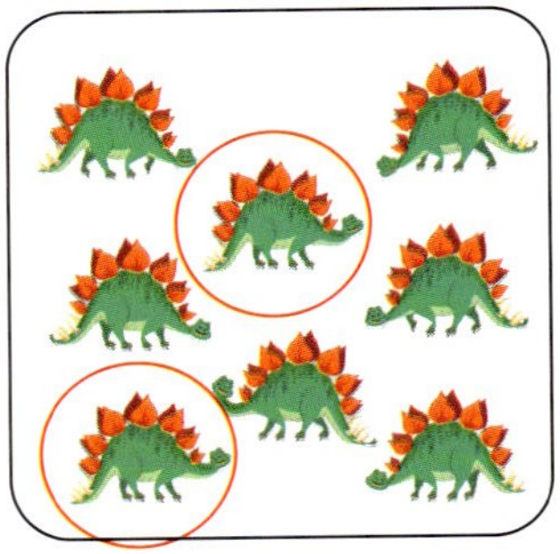

9

10

11

18

19

4 – 2 = 2 - AZUL-ESCURO
5 – 3 = 2 - AZUL-ESCURO
2 – 1 = 1 - AZUL-CLARO
10 – 4 = 6 - ROXO
6 – 3 = 3 - VERDE
6 – 0 = 6 - ROXO
9 – 3 = 6 - ROXO
6 – 1 = 5 - LARANJA
8 – 4 = 4 - AMARELO
9 – 4 = 5 - LARANJA
12 – 6 = 6 - ROXO
7 – 1 = 6 - ROXO
4 – 1 = 3 - VERDE
11 – 5 = 6 - ROXO
8 – 2 = 6 - ROXO

1 2 3 4 5 6